La serie **Nuestros Ilustres** pretende servir de soporte cultural y educativo con el objetivo de promover el conocimiento, la investigación, la innovación, el talento y la divulgación. Cada título aproxima a los niños a un personaje cuya trayectoria ha contribuido significativamente al desarrollo y a la calidad de vida de nuestra sociedad.

Nuestro agradecimiento especial a la **Fundació Joan Brossa** por su colaboración y generosidad.

Guía de lectura

- Citas del protagonista
- Poemas
- A Anécdotas
- Definiciones
- Actividades

Textos
Judith Barnés
Ilustraciones
Sònia Estévez
Dirección de la colección
Eva Moll de Alba
Traducción al castellano
Ariadna Pous
Traducción de poemas
Xavier Valls (Pág 6, 8, 13, 15, 20)
Carlos Vitale (Pág 23, 28, 34)
Diseño
Anna Bosch
Maquetación
Sara Latorre

Fundació
JOAN BROSSA

Vegueta Ediciones
Roger de Llúria, 82, principal 1ª
08009 Barcelona
www.veguetaediciones.com

ISBN: 978-84-17137-54-0
Depósito Legal: B 28142-2019
Impreso y encuadernado en España

FSC
www.fsc.org
MIXTO
Papel procedente de
fuentes responsables
FSC® C106329

CEDRO

Atrapo una letra y pongo el mundo del revés

Joan Brossa

Judith Barnés
Sònia Estévez

Vegueta
Infantil

Arbusto Brossa

—No estés seguro de que el vocablo *brossa*
viene de *basura*. Antiguamente la brossa era la hoja
de un arbusto de ese mismo nombre; dejaba mucha
hojarasca y la gente tenía que recogerla; dejaba
mucha *broza*: de ahí debió de derivar después
al sentido de basura.
Me parece muy interesante el planeta.

Joan Brossa, *Passat festes* [Pasado fiestas], 1993-1995

Brossa en catalán es un conjunto de hojas, de ramas y otros restos vegetales esparcidos y amontonados. Brossa es espesor de arbustos, de matas o de hierbas que crecen en parajes y dificultan el paso. Brossa es mala hierba. Brossa es la partícula que se desprende de algo. Brossa es un razonamiento inútil y superfluo. Brossa es un error o defecto informático que impide el funcionamiento correcto de un programa. Brossa es basura.

Brossa también soy yo. Me llamo Joan Brossa y soy poeta. No soy artista ni escultor. Todo lo que hago es poesía. Y para mí la poesía es una herramienta al servicio de la comunicación. He rimado miles de palabras pero entiendo que la poesía es la vida, que va más allá de enlazar la última palabra de los versos que forman un poema. Se puede hacer poesía con imágenes y con objetos. También se pueden hacer versos sin rima o poemas de sólo un verso. Y el teatro también se puede entender como un gran poema en el escenario. Me gusta pensar que la poesía forma parte del espacio urbano, que se puede transitar y vivir en ella. Me llamo Joan Brossa y soy poeta.

Te propongo que hagas un acróstico con las letras que forman mi apellido. Sólo hay que disponerlas una debajo de la otra y componer un poema. Cada verso se iniciará con una de estas letras.

B
R
O
S
S
A

Nací el 19 de enero de 1919 en el barrio de Sant Gervasi de Barcelona. ¿A que es bonita la combinación? 19-1-1919. En realidad mi cumpleaños es el 18 de enero, pero a mí me gusta decir que nací el día 19. Tengo esta manía de alterar la realidad para hacerla más mágica y poética. También me he cambiado el segundo apellido alguna vez. «Cuervo» es un apellido feo. Prefiero «Sarganta». Joan Brossa Sarganta. Me impacta la musicalidad de las palabras.

Mi padre se llamaba Joan. En mi época era muy común que los hijos se llamaran como sus padres. Era grabador de bronce y en sus ratos libres hacía de tramoyista en el ateneo del barrio. En casa tenía una gran biblioteca. Aquellos libros me fascinaban. Muchos días llegaba a la escuela con un libro debajo del brazo. Cuando era pequeño, me llevaba al cine y escuchábamos música de Wagner. Disfrutaba cuando subía a las Golondrinas del puerto y al tren aéreo del Tibidabo. Mis juguetes favoritos eran un teatrillo y una caja con juegos de magia. Con mi primo Mario, nos divertíamos mucho haciendo magia. Recuerdo que me inventaba nombres para los miembros de la familia y me sorprendió descubrir que el catalán se escribe de una manera y se pronuncia de otra.

Estoy en mi casa
La casa está en la calle Balmes
La calle Balmes está en Sant Gervasi
Sant Gervasi está en Barcelona
Barcelona está en el Principat
El Principat está en los Països Catalans
Los Països Catalans están en Europa
Europa es una de las cinco partes del mundo
El mundo es un astro
y el astro nos transporta sin tregua
espacios allá.

Joan Brossa, *Cau de poemes* [Guarida de poemas], 1960

Q

Tramoyista
Persona dedicada a hacer los cambios de decoración en un teatro.

Q

Richard Wagner
(Leipzig, 1813 - Venecia, 1883)
Compositor de ópera alemán.

A
Joan Brossa cedió una colección muy importante de juguetes al Museu del Joguet de Catalunya, en Figueres. De hecho, la rayuela que hay en la entrada del museo fue una idea del poeta. En cierta medida, consideraba que a este museo había que entrar jugando.

Con diecinueve años tuve que ir a luchar a la Guerra Civil. Luché en el frente de Lleida, con el bando republicano. Mi padre había muerto hacía unos años y me sentía muy solo, en casa, con mi madre. Ir a combatir fue una gran liberación para mí. No sentía ningún miedo. Enseñé a leer y a escribir a muchos compañeros. Fue allí donde escribí el primer texto que publiqué. Era un texto muy sencillo donde describía lo que estaba pasando en el frente.

Una noche, mientras estaba en un punto de vigilancia observando con unos prismáticos, sentí que me llamaban, me giré y di algunos pasos hacia atrás. Justo en ese momento cayó una granada que, aunque no estalló, causó una gran humareda. Nací por segunda vez. En realidad, nadie me había llamado, pero, si no me hubiera movido, esa granada me habría matado. A causa de este accidente perdí buena parte de la visión del ojo izquierdo. A partir de entonces vi borroso y tuve que llevar gafas. Me mandaron de vuelta a casa.

La Guerra Civil duró tres años y ganó el bando nacional, liderado por Francisco Franco. Al acabar la guerra, empezaba una dictadura. Hice el servicio militar en Salamanca y allí fue donde conocí a Enric Tormo.

Guerra Civil
(1936-1939)

Conflicto bélico que dividió al Estado español en dos bandos: el nacional y el republicano. El bando nacional consiguió ocupar todas las ciudades españolas y como consecuencia instauró un régimen militar dirigido por el general Francisco Franco. Esta época se conoce como **Dictadura franquista**. Todos los poderes del estado se concentraron en el dictador hasta su muerte en 1975.

Enric Tormo
(Barcelona, 1919-2016)

Tipógrafo y grabador catalán conectado con Joan Miró y con la cultura barcelonesa.

Pie y calcetín en el mismo zapato: un mundo.

Joan Brossa, *Ot*, 1972

Quería ser poeta. Cuando volví a Barcelona, era consciente de que quería dedicarme a escribir poemas. Mi primer gran maestro fue J. V. Foix. Él estaba obsesionado por la forma y me dijo que si quería conseguir dominar el lenguaje, tenía que escribir sonetos. No paraba de rimar y rimar palabras. La métrica me hacía sufrir bastante.

Leía y escribía sin parar. Y lo hacía a lápiz porque siempre he sentido la necesidad de corregir los textos una y otra vez. Como en esa época leer literatura catalana estaba prohibido, los domingos me iba a los mercados de libro viejo a ver qué encontraba por allí. También me apunté a clases clandestinas de catalán porque cometía muchas faltas de ortografía. Los primeros textos que escribí estaban llenos de imágenes hipnagógicas, imágenes visuales o auditivas que expresaban mi subconsciente. En casa nadie entendía que quisiera ser poeta.

Gracias a otro gran amigo, Joan Prats, conocí a Joan Miró, un artista que admiré toda mi vida y con quien tuve una gran amistad. Enseguida entendí que la poesía era mucho más que construir estrofas, versos y palabras rimadas y empecé a hacer poemas visuales experimentales y poemas objeto, y también a escribir obras de teatro.

El cocodrilo abre
la boca para engullir al poeta.
Pero el poeta coge el arpa
y la pone derecha en la garganta del monstruo:
el cocodrilo no puede cerrar la boca
y se queda transformado en un
arpa viva.

Joan Brossa, *Poemes civils* [Poemas civiles], 1960

«Veo el arte y la literatura como una posible ampliación de horizontes hacia la libertad».

J. V. Foix
(Barcelona, 1893-1987)

Poeta destacado de la vanguardia literaria catalana.

Joan Miró
(Barcelona, 1893 - Palma, 1983)

Artista catalán contemporáneo de fama internacional. Desde 1975 se puede visitar la obra del pintor en la Fundació Joan Miró de Barcelona.

Soneto

Forma poética compuesta por catorce versos organizados en cuatro estrofas: dos cuartetos (estrofas de cuatro versos) y dos tercetos (estrofas de tres versos).

Dominó poético

Para mí, la poesía es una herramienta al servicio de la comunicación. Por eso, cuando hago poesía, me expreso con el medio que me es más cómodo en cada momento: una imagen, un objeto, un poema rimado, un poema breve, etc.

¿Has pensado alguna vez en crear un poema en movimiento? ¿Un poema que no tenga principio ni final, que encadene las palabras y juegue con el espacio? Pues este es el reto que te propongo. Inspirándote en el poema *Dòmino*, elabora unas fichas de dominó y llénalas de poesía. Las palabras tienen que ir encadenándose, pero puedes hacer pequeños juegos formales para dar dinamismo a tu creación. Sólo una consigna: puedes incluir un máximo de cuatro palabras en cada ficha.

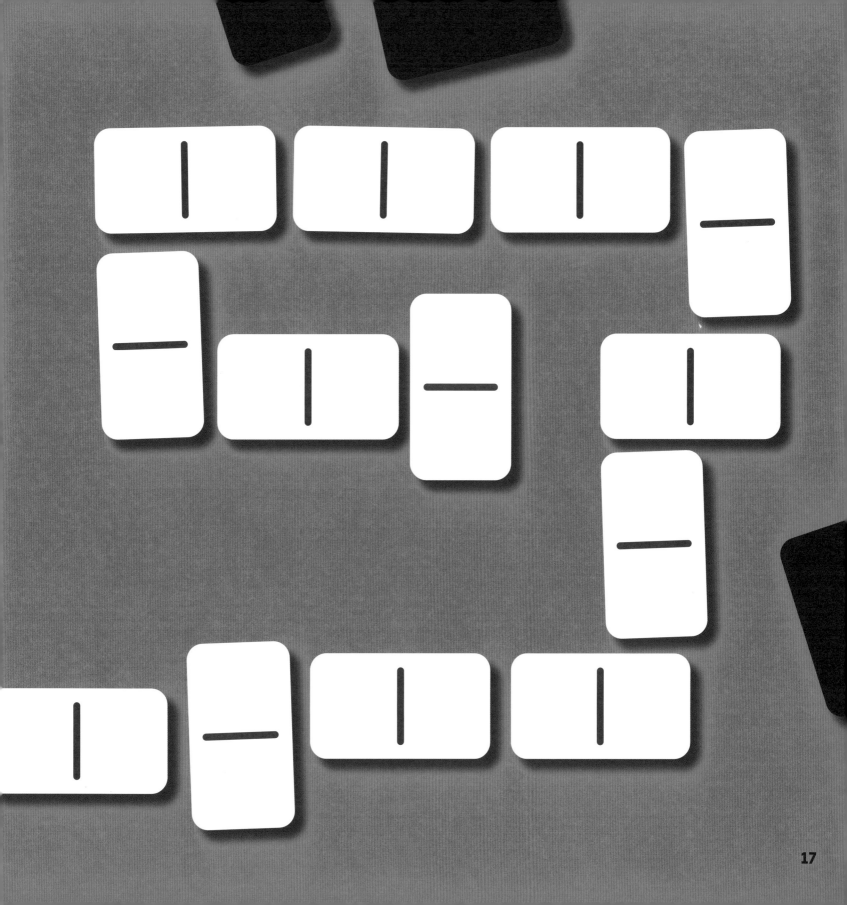

Mi mejor amigo cuando era joven fue Joan Ponç. Con él me sentaba en uno de los bancos de la plaza Molina y nos quedábamos allí durante horas conversando e intercambiando ideas y pensamientos. Nos había pasado más de una vez que, sin saberlo, yo escribía lo que él pintaba.

Otro buen amigo de esa época fue Antoni Tàpies. Nos unía la pasión por Wagner. Iba a menudo a su casa a escuchar óperas. Unos años más tarde incluso hicimos un libro de artista que titulamos *Carrer de Wagner*, en homenaje al compositor alemán y en recuerdo a la calle donde nací. Sí... no te lo había dicho pero nací en la calle Wagner de Barcelona. Ahora esta calle ya no existe.

Con Joan Ponç, Antoni Tàpies y otros amigos creamos el grupo Dau al Set (Dado al Siete). El nombre de este grupo fue idea mía. Cuando tuvimos que decidir el nombre, uno de nosotros dijo «El Dau». Después de darle vueltas yo le añadí «Dau al Set». Y el nombre gustó. Para nosotros, era una forma de descubrir la cara oculta, lo que no se ve, lo imposible. Juntos editamos una revista que llevaba el nombre del grupo. Hablábamos sobre arte, sobre poesía, sobre música. No había nada parecido ni tan moderno en esa época. Una de las cosas que más me gustaba era dar títulos a los cuadros de mis compañeros. Me los tenía que pensar un poco. Fue entonces cuando también escribí dos guiones de cine y varios ballets.

🔍
Joan Ponç
(Barcelona, 1927 - Saint-Paul-de-Vence, 1984)

Pintor catalán y fundador del grupo Dau al Set. Será el miembro que se mantendrá más fiel a los principios del grupo a lo largo de toda su carrera artística.

🔍
Antoni Tàpies
(Barcelona, 1923-2012)

Artista catalán de fama internacional. Se le considera uno de los máximos exponentes del movimiento informalista. En 1984 se creó la Fundació Antoni Tàpies en Barcelona.

💡
¿Quieres crear un cadáver exquisito? Era una técnica de escritura muy practicada por los surrealistas. En un trozo de papel escribe un verso. Di la última palabra que has escrito al compañero que tengas a tu lado. Con esta palabra deberá empezar su verso. El resto del verso que hayas escrito no lo podrá leer. Seguid este procedimiento hasta que todos los participantes hayáis escrito vuestro verso. Cuando acabéis, leed el poema.

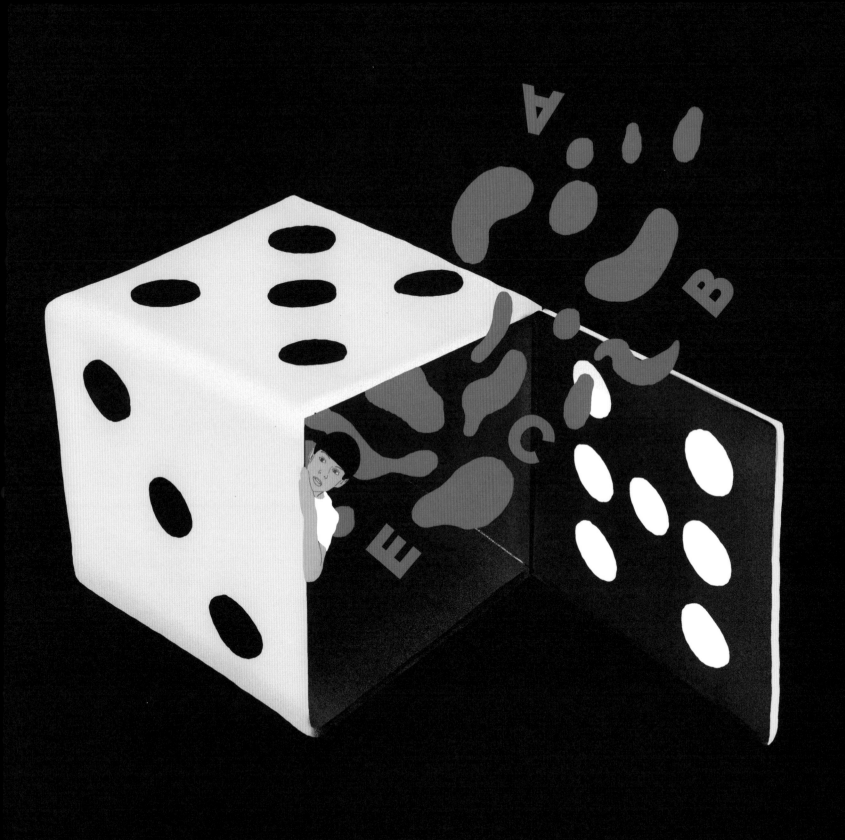

Detrás de las palabras el papel se transforma en mar y las letras en peces.

Joan Brossa, *Poemes públics* [Poemas públicos], 1974-1975

Interdisciplinar. Poliédrica. Transversal. Así se podría definir mi poesía. Me gusta pensar que la poesía suprime las fronteras, y que el arte, la música, el teatro y el cine pueden formar un todo. Cuando hacía poesía, me sentía libre. Nunca me gustó diferenciar los poemas literarios de los poemas visuales ni tampoco los visuales de los escénicos. Quería ser capaz de comunicar ideas desde diferentes registros. Esta es la clave de mi obra. Los libros de artista son la máxima expresión de esta voluntad de unir todas las artes. *Cop de poma* es mi primer libro de artista y es, también, el más interdisciplinar de todos. Yo hice el texto, Joan Miró las litografías, Josep Maria Mestres Quadreny las partituras, Antoni Tàpies las cubiertas de cartón y Moisès Villèlia la caña de bambú que cierra el libro. Como puedes comprobar, no es un libro como los otros. Es un libro objeto.

Me considero curioso y disfruto experimentando. Quiero que mis poemas abran ventanas a los lectores y a los espectadores. Dialogo con ellos. Los interrogo. Espero siempre una respuesta, una pregunta, una sonrisa. No dejo a nadie indiferente. Invito a iniciar un viaje a través de mis poemas.

«Los géneros artísticos significan medios diferentes de expresar una realidad idéntica. Son los lados de una misma pirámide que coinciden en el punto más alto».

«Me escapo de las clasificaciones. He dicho muchas veces que mi obra no tiene medida, sólo tiene límites».

Entrada.

A B C D E F G H I
J K L M N O P Q R
S T U V W X Y Z

Salida.

Joan Brossa, *Cent per tant* [Ciento por tanto], 1967

Galería de personajes

Como ya habrás podido comprobar, me gusta transformar la realidad con los objetos que tengo a mi alcance. Sólo hay que ponerle un poco de imaginación, mirar las cosas desde otra perspectiva y darles un nuevo significado. ¿Quieres probar?

Pues reúne diferentes objetos que utilices a menudo y crea tu galería de personajes. ¡Recuerda que un plato, un antifaz y un dado no son sólo un plato, un antifaz y un dado!

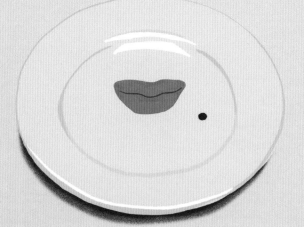

Joan Brossa, *Colombina*, 1969

24

Hacer poemas con imágenes o hacer imágenes poéticas. Entiendo la forma de las letras como una estructura independiente, como un elemento con identidad propia. Las letras no sólo son signos que se unen para construir palabras y formar mensajes, sino que también pueden representar cosas. Había experimentado alguna vez con el caligrama pero me sentía más cómodo haciendo poesía visual.

Los poemas visuales que hacía eran muy sencillos. Se trataba de unir dos elementos —muchas veces uno de ellos era una letra—, para comunicar con ellos alguna idea. Intentaba que los mensajes fueran claros para que llegaran de forma directa al espectador. No explicaba nunca el significado de estas composiciones.

La gran protagonista de mis poemas visuales es la letra A. La considero la letra más importante de todo el alfabeto porque es la primera de todas, la puerta de entrada al conocimiento.

También diseñé muchos carteles, que tienen la misma estructura que los poemas visuales pero anuncian acontecimientos importantes. Me gusta pensar que mis poemas pueden salir de los museos y de las galerías y tomar vida en la calle.

Retrato literario

La letra A tiene dos trazos rectos e inclinados que, partiendo del punto más alto de la letra, se dirigen a los extremos de la base; un pequeño trazo horizontal completa el dibujo de este signo.

Joan Brossa, *Passat festes* [Pasado fiestas], 1993-1995

«De aquí arrancan las experiencias de la poesía visual, que, para mí, es la poesía experimental propia de nuestro tiempo. La búsqueda de un nuevo terreno entre lo visual y lo semántico».

«El poema visual no es ni dibujo ni pintura, sino un servicio a la comunicación».

Caligrama

Es una forma poética formada por un texto en que la disposición de las palabras, la tipografía o la caligrafía representan el contenido del poema. El poeta catalán más representativo de esta práctica es Joan Salvat-Papasseit (1894-1924).

¿Serías capaz de crear un alfabeto ilustrado y de dar un nuevo significado a las letras? Brossa transformó todas las letras del alfabeto en otras cosas: la A, además de ser una cabeza de toro, también podía ser un compás o un imán; la D podía representar un buzón; y la S una serpiente, un pez, un camino o un pentagrama. Y tú, ¿qué harías?

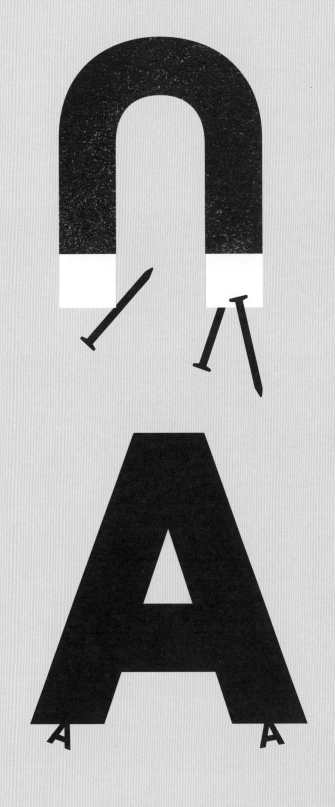

Joan Brossa, *Poema visual*, 1989

¿Y tú qué ves?

Joan Brossa, *Poema visual*, 1970-1978

Joan Brossa, *Tren de letras*, 1989

Joan Brossa, *Poema visual*, 1970-1982

¿Y si explorara la tridimensionalidad en el espacio urbano?
¿Y si el poema se desplegara en la calle y convirtiera el
paisaje en una gran escenografía? Con esta voluntad
surgió la idea de crear poemas urbanos. Barcelona está
llena de poemas que podemos transitar, habitar y recorre
Es bonito ver que la gente se sienta en ellos, se los mira,
los fotografía. Resulta que cuando me tendría que haber
jubilado, recibí más encargos que nunca. Estaba contento
Mi poesía florecía, crecía, se esparcía.

El primer poema urbano que compuse fue el *Poema visual transitable en tres temps*. Es un poema que tiene tres partes y me gusta pensar que es un recorrido por la vida: la A representa el nacimiento; el camino con los signos de puntuación son las pausas, las entonaciones; y el final es la A destruida. Y es que la vida siempre lleva a la destrucción, al inicio. Es un ciclo que vuelve a empezar una y otra vez.

«La poesía es fundamental y, entre la mentira y el engaño, ella es el sol, el viento, la vida».

Joan Brossa murió el 30 de diciembre de 1998 a punto de cumplir ochenta años. Se dio un golpe en la cabeza, al caer por las escaleras de su estudio.

Ahora te invito a coger la llave del alfabeto, te animo a abrir la puerta del conocimiento y a sumergirte en el universo de las letras. Me gustaría pensar que después de leer estas páginas he conseguido que mires la vida de otra manera, que cuestiones la apariencia de las cosas, que andes por el mundo con las antenas bien orientadas, con la mirada activa y el espíritu alerta.

Mi llave es una llave que abre mil puertas. Es una llave que hace pensar, que juega, que investiga, que interroga. Mi llave es una llave que entiende la poesía de otra manera, que crea en libertad, que renuncia a cualquier esquema. Pensar para crear y crear para pensar. Me llamo Joan Brossa y soy poeta.

A ti, seas quien seas, te invito a encontrar las cosas con su transcendental belleza, tal como yo las encuentro, y tendrás el poema.

Joan Brossa, *Els ulls i les orelles del poeta* [Los ojos y las orejas del poeta], 1961

Joan Brossa, *Poema visual*, 1971-1982

JARDINES JOAN BROSSA

A Z

14

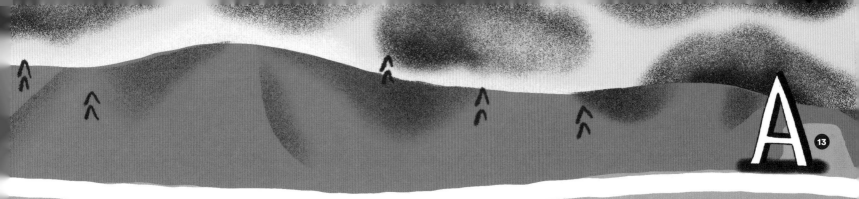
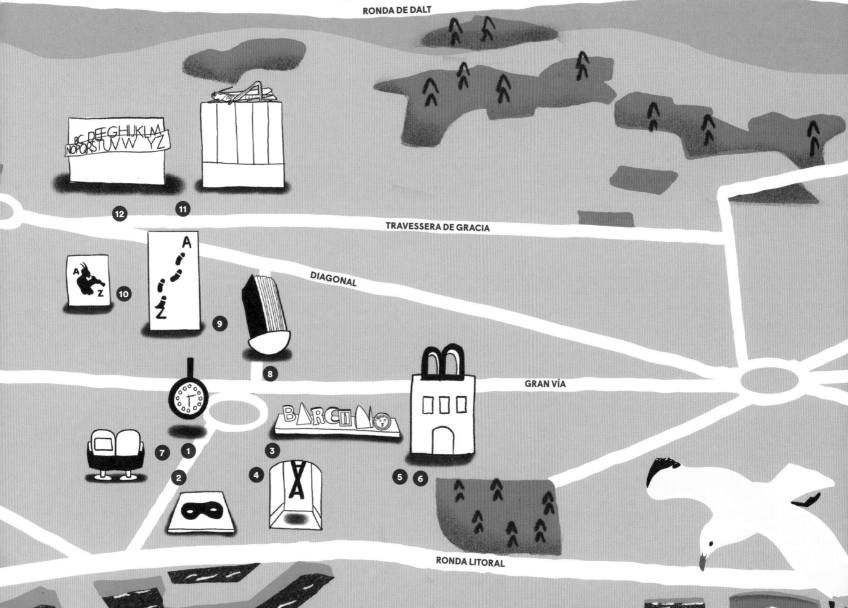

El protagonista

1919

Joan Brossa nace el 19 de enero en la calle Wagner de Barcelona. Su padre, Joan Brossa i Clariana, es grabador de bronce, y su madre, Paquita Cuervo i Prats, ama de casa. No tiene hermanos. Su padre le transmite la sensibilidad por la cultura y la lectura, y con su primo Mario comparte la afición por la magia.

1938

Se va al frente de Lleida con el ejército republicano durante la Guerra Civil y publica su primer texto, *Infiltración*, curiosamente en castellano. Resulta herido en un ojo y debe regresar a casa. Después de finalizar el servicio militar en Salamanca empieza a escribir poemas y obras de teatro y crea los primeros poemas experimentales y objetos.

1948

Funda la revista *Dau al Set* con Antoni Tàpies, Joan Ponç, Modest Cuixart, Arnau Puig y Joan-Josep Tharrats. Escoge el nombre con la voluntad de incidir en la búsqueda de la cara oculta de las cosas, lo invisible. Frecuenta la casa de Tàpies para escuchar a Wagner y conversa muchas horas con Ponç. Escribe su primer ballet y dos guiones de cine.

Otros ilustres catalanes

1815-1876

Ildefonso Cerdá
La ciudad del futuro

1919-1998

Joan Brossa
Atrapo una letra y pongo el mundo del revés

1959

Realiza las primeras *suites* de poesía visual: unos conjuntos de poemas totalmente experimentales, en *collage* o con la incorporación de diferentes tipos de materiales caseros muy pobres. Cuatro años más tarde publica sus primeros libros de artista.

1984

Compone su primer poema urbano, *Poema visual transitable en tres temps*, en el Velódromo de Horta de Barcelona. Dos años después se inaugura la primera exposición antológica dedicada a su obra en la Fundació Joan Miró. Esta exposición le da proyección internacional.

1998

Se crea un espacio teatral en Barcelona dedicado al poeta. Joan Brossa muere el 30 de diciembre de 1998 de una caída al salir de su estudio.

1920-2009

Vicente Ferrer
Un sol en la India

1923-2009

Alicia de Larrocha
La pianista de manos mágicas

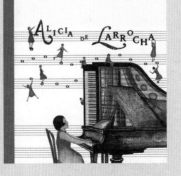